O TRABALHO NAS FAZENDAS DE CAFÉ

Ana Luiza Martins

Atual Editora

UMA PROPOSTA DE TRABALHO

A VIDA NO TEMPO da Corte

NOME: ______________________________

ESCOLA: ______________________ ANO: ________

Este livro trata das relações de trabalho numa sociedade apoiada na escravidão. Para recriar essa história foram utilizados vários tipos de documentos produzidos na época, permitindo que você faça uma verdadeira "viagem no tempo" e observe, muito de perto, como tudo se passou. As ilustrações do período (quadros, fotografias, imagens em geral), as opiniões dos viajantes estrangeiros, dos proprietários das fazendas e do próprio escravo, além da análise de historiadores contemporâneos, informam sobre o tema através de várias abordagens, levando o leitor a conhecê-lo de várias maneiras. O objetivo do trabalho é que por meio dessa leitura você tire conclusões e construa sua própria história a respeito do período e faça sua crítica da sociedade escravocrata no Brasil, ampliando assim o entendimento sobre as relações de trabalho no país.

Introdução: uma viagem, uma aventura!

1. Após ler a introdução, na página 4, como você acha que poderia conhecer o passado, fazendo uma "viagem no tempo"?

Um corredor de riquezas

2. Após observar os mapas da página 6 e ler as descrições da página 7:

a) Descreva a transformação da paisagem do Vale do Paraíba.

b) Observe a região em que você mora. Na sua opinião, ela é um corredor de riquezas?

3. Agora que você já leu várias vezes a página 7, o que entende por caráter monocultor da lavoura no Brasil? Dê dois exemplos.

____

____

____

____

____

____

4. Leia a página 7 e responda:

a) O que eram sesmarias?

____

____

____

____

____

____

____

b) Hoje você conhece algo semelhante?

____

____

____

____

____

____

____

5. Observe a planta da fazenda de café da página 12 e leia o texto da mesma página.

a) A partir do texto e observando a planta, procure explicar quais as diferenças entre as instalações da fazenda de cana-de-açúcar e as de café.

____

____

____

____

____

____

b) Ainda através do texto, da planta e da imagem abaixo, à esquerda, como você explica a afirmação de que o proprietário tinha controle permanente sobre a escravaria?

____

____

____

____

____

____

____

6. Na página 15, você fica sabendo mais a respeito das atividades dos escravos. Após a leitura e observação das ilustrações, como você os caracterizaria?

____

____

____

____

____

____

____

____

____

____

____

7. Leia a relação de escravos da Fazenda Glória dos Campos, em Bananal, na página 17.

a) Quais eram os mais valorizados?

b) Quais eram os menos valorizados?

8. Através do relato do viajante francês Charles Ribeyrolles, na página 17, anote qual a atividade diária do escravo.

9. Observe a imagem de escravos fotografada por Marc Ferrez. Como você justifica suas expressões de desânimo e submissão?

Um cafezinho, garçom, por favor!

10. Leia o capítulo 3 e responda:

a) Quais as etapas por que passava o café, do plantio à xícara?

b) Quais as etapas de beneficiamento do café? Onde eram realizadas?

11. Leia o comentário do Barão Pati do Alferes, nas páginas 20 e 22. Qual a posição dele em relação aos métodos utilizados? Era de crítica ou de aprovação? Justifique.

12. Leia a descrição do transporte de café na página 26 e responda:

a) Descreva como esse transporte se dava.

b) O que eram as *barreiras*?

c) Você conhece algum serviço semelhante hoje em dia?

d) Ainda na página 27, observe o mapa dos caminhos do café. De onde saíam e que portos atingiam?

Uma sociedade de senhores e escravos, mas...

13. Leia o capítulo 4 das páginas 28 a 32.

a) Relacione as atividades dos homens livres registradas nas páginas 28, 30 e 31.

b) Analise uma carta da correspondência entre dois fazendeiros, na página 30. O que você conclui sobre a relação entre tropeiros e proprietários?

14. Leia o lundu da página 32, canção e dança de origem africana, que permite conhecer um pouco da percepção do escravo sobre o branco. Como você interpreta os versos?

Conclusão: e a porteira bateu...

15. Agora que você já "viajou no tempo" e conheceu todo o processo do cultivo e beneficiamento do café, no Vale do Paraíba, leia a *conclusão* do livro e:

a) Grife as razões que o autor aponta para a decadência do produto. Você concorda com a explicação? Justifique.

b) Localize no texto as várias interpretações sobre a decadência do café no Vale do Paraíba. Tendo lido o livro que expõe as interpretações de vários autores, qual seria sua interpretação pessoal? Discorra sobre isso.

A VIDA NO TEMPO da Corte

O TRABALHO NAS FAZENDAS DE CAFÉ

Ana Luiza Martins

Coordenadoras:
Marly Rodrigues
Maria Helena Simões Paes

Ilustrações: Francisco José da Costa

10ª edição

Conforme a nova ortografia

Atual
Editora

Biografia

Meu nome é Ana Luiza Martins. Nasci em Marília – cidade que se originou da cultura cafeeira –, cercada pela paisagem e pelo perfume dos cafezais. Desde menina, realizei muitas viagens para São Paulo, onde cursei o ginásio e o colegial, e da janela do trem gostava de observar os pés de café, ora carregados de flores brancas, ora de frutos vermelhos. Na época da colheita, os campos enchiam-se de cor, quando os trabalhadores – homens e mulheres –, com lenços coloridos na cabeça para se protegerem do sol, colhiam o fruto maduro. Essa cena, particularmente, me sugeria muitas indagações. Quando entrei na Universidade de São Paulo, como aluna do curso de História, percebi quanto aquela frutinha fora decisiva para o progresso do país e fundamental para a compreensão de nosso processo histórico. A partir daí não parei mais de estudá-la. Fiz meu mestrado, na USP, analisando as cidades cafeeiras, e escrevi dois livros nos quais o café tem lugar de destaque: *República, um outro olhar* (São Paulo, Contexto, 1989) e *Império do Café, 1850/1890* (São Paulo, Atual, 1991). Em meu trabalho diário, como historiadora do Condephaat (Conselho de Defesa do Patrimônio Histórico, Artístico, Arqueológico e Turístico do Estado de São Paulo), pesquiso especialmente a história do café, responsável por parte significativa do patrimônio cultural paulista. Foi grande alegria escrever este livro, *O trabalho nas fazendas de café*, no qual poderemos, juntos, desvendar mais histórias sobre o café e, portanto, sobre o Brasil.

Agradecimentos

Aldo de Cresci Neto, Carlos Eugênio Marcondes de Moura, José Luís Pasin, Lenora Fleury, Mary Ferrez, Mioko Makino, Silvana Bahia, Tom e Thereza Regina de Camargo Maia.

Para Alicinha Camargo de Oliveira,
que em breve lerá esta história.

SUMÁRIO

Introdução:
Uma viagem, uma aventura! ------------- 4

1. Um corredor de riquezas ----------------- 5

2. A fazenda de café -------------------------- 8
A disciplina ----------------------------------- 17

3. Um cafezinho, garçom, por favor! ------- 19
Derrubar e queimar a mata ------------------ 19
O plantio ------------------------------------- 20
A colheita ------------------------------------ 21
O beneficiamento ---------------------------- 22
Lavagem --------------------------------- 22
Secagem --------------------------------- 23
Despolpamento ------------------------- 23
Abanação e catação --------------------- 24
Brunimento ----------------------------- 25
O transporte --------------------------------- 26

4. Uma sociedade de senhores e escravos, mas... --------------------------- 28

Conclusão: E a porteira bateu... ----------- 33

Apêndice

Cronologia ------------------------------------- 35

Para saber mais -------------------------------- 36

Bibliografia ------------------------------------ 37

INTRODUÇÃO:

UMA VIAGEM, UMA AVENTURA!

Quem viaja pela rodovia Presidente Dutra, a estrada que liga o Rio de Janeiro a São Paulo, embarca numa grande aventura.

Considerada a mais movimentada e, talvez, a mais perigosa do Brasil, nela tem de tudo! Caminhões, carros, motocicletas, policiamento rigoroso e, em cada lado da estrada, muitas cidades e indústrias. Lá está até a Autolatina, que fabrica os carros da Volkswagen e da Ford.

O movimento é tão intenso que a pista parece a avenida principal de uma grande cidade.

Entretanto, a aventura dessa travessia torna-se mais emocionante, e felizmente menos perigosa, se embarcarmos numa outra viagem: *uma viagem no tempo*. Não um tempo que busca o passado pela sua antiguidade, mas uma viagem no tempo que nos explica por que – através do trabalho desenvolvido nessa área – o Brasil ocupou um lugar de destaque na economia mundial, transformando-se num dos maiores produtores de café do mundo.

Isso, claro, não aconteceu de repente. Vamos puxar o fio da história e começar lá do princípio, tendo como guia os documentos da época, para que possamos entender como uma sementinha vermelha, que se transforma numa bebida deliciosa, encontrou nesse vale as condições favoráveis para tanto sucesso.

Rodovia Presidente Dutra.

Jean Baptiste Debret retratou as margens do rio Paraíba, ainda cobertas por florestas virgens. A imagem mostra três soldados conduzindo um pequeno grupo de índios aprisionados.

1.

UM CORREDOR DE RIQUEZAS

> "Essa paisagem tornou-se palco do 'maior fenômeno agrícola do século': o café, que se espalhou pelas terras do Vale."

O primeiro passo é montar o cenário. Fique esperto para as mudanças dessa paisagem!

Imagine o curso de um rio, o rio Paraíba do Sul, que nasce ao pé da serra da Bocaina, no Estado de São Paulo, e deságua em Campos, no Estado do Rio de Janeiro.

Esse rio atravessa um imenso vale, que recebe exatamente o nome de Vale do Paraíba. De um lado, próximo ao litoral, está a serra do Mar. Do outro, mais para o interior, está a serra da Mantiqueira.

Essas duas serras desenham nessa área um verdadeiro corredor, ocupado pela bacia do Vale do Paraíba, que foi o caminho mais antigo a ser percorrido e povoado pelos colonizadores no Brasil.

A presença de bandeirantes, índios, ouro, tropas de burros, comércio de beira de estrada explica a ocupação inicial da região, uma das primeiras áreas a serem desbravadas no Brasil.

Em fins do século XVIII, com o declínio da mineração e do comércio decorrente dela, a área conheceu as instalações dos engenhos de açúcar, o cultivo do anil, exportado para a tintura de roupas, e lavouras de subsistência de milho, mandioca e feijão.

Ao iniciar o século XIX, porém, essa paisagem passou por radical transformação, tornando-se palco do "maior fenômeno agrícola do século": o café, que se espalhou pelas terras do Vale.

Por que o café em lugar da cana-de-açúcar? Eis aqui algumas razões:

- o café exigia investimentos mais baixos para seu cultivo;
- o café se deteriorava menos no transporte;
- o cafeeiro poderia durar trinta anos, enquanto a cana devia ser replantada a cada três anos;
- o café estava mais bem cotado no mercado internacional;
- faltava café na praça, pois o Haiti, principal produtor, suspendera o fornecimento por atravessar uma guerra interna.

Para completar tantas vantagens, o próprio governo incentivava seu cultivo, distribuindo mudas.

Mapa atual da área que vamos percorrer,
localizando as principais cidades e portos do litoral.

Reconstituição de um mapa feito ao tempo das primeiras plantações de café. Observe o longo curso do rio Paraíba atravessando o Vale. Perceba como na região paulista as serras do Mar e da Mantiqueira formam um grande corredor, o caminho do avanço cafeeiro.

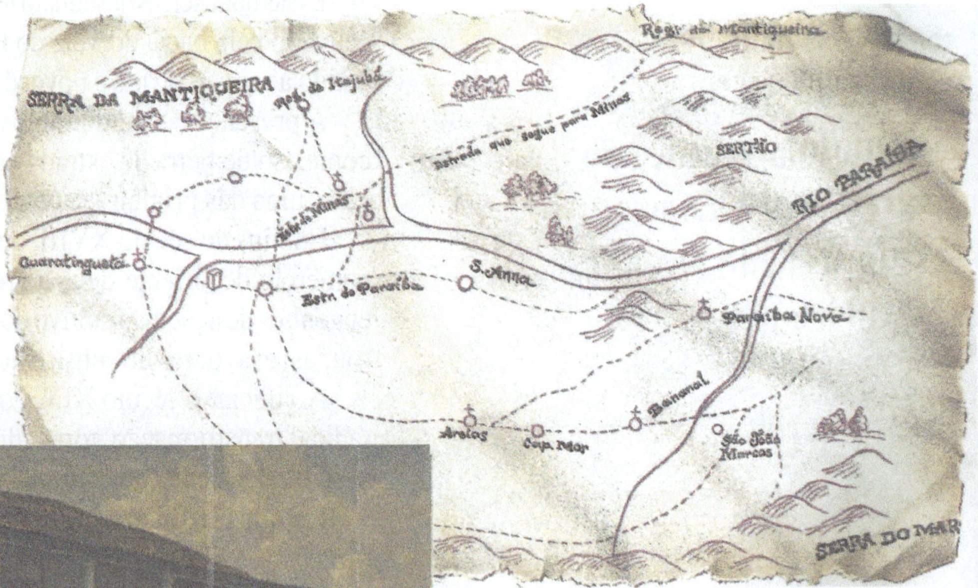

Distribuição de mudas de café,
por volta de 1780.
(Óleo de Henrique Manzo.)

Confirmava-se assim o *caráter monocultor* da lavoura no Brasil, ou seja, incentivava-se o cultivo de um só produto agrícola.

Embora desde 1780 se tenha notícia das primeiras plantações de café no Rio de Janeiro, só a partir de 1830 esse produto ocupou o primeiro lugar no quadro das exportações do Brasil, ultrapassando a cana-de-açúcar. Esta, em 1820, correspondia a 30,1% na relação de nossos produtos exportáveis, enquanto o café, no mesmo ano, correspondia a 18,4%. Já em 1831, enquanto a cana equivalia a 24%, o café a ultrapassava, correspondendo a 43,8% do total.

Um estudioso da cultura cafeeira dá a seguinte interpretação sobre sua expansão no Vale:

[...] em 1836, o Vale do Rio Paraíba estava ainda coberto de floresta natural; foi aí que a cultura do café passou a sua infância, aprendeu a plantar, colher, beneficiar, morar e gastar, e a deixar atrás de si um rastro de problemas e contradições. Aí conheceu seus inimigos naturais: a geada, a seca, a erosão.

(Luís Saia, *Morada paulista*, p. 181.)

De fato, a mata exuberante, objeto de encantamento e estudo para viajantes estrangeiros, rica em madeiras nobres, foi rapidamente devastada.

O plantio do café exigia grandes extensões de terra e, por esgotar rapidamente o solo, era necessário abrir novas áreas de cultivo.

Para os lavradores da época, isso não constituiu problema. Eram proprietários de imensas *sesmarias*, isto é, terras incultas que haviam recebido gratuitamente do governo com a finalidade de cultivá-las.

Apressaram-se em trocar as antigas roças e os engenhos de açúcar pelo café, avançando contra a corrente do rio Paraíba em busca de terras virgens, sempre mais férteis.

As primeiras fazendas cafeicultoras eram bastante rústicas, implantadas próximo aos cursos de rios e ao longo dos principais caminhos. Com o aumento da produção, aparelharam-se até atingir as dimensões de um verdadeiro povoado. Algumas chegaram a contar com mais de mil habitantes, ostentando grande fausto por parte de seus proprietários.

Floresta virgem, *vista por Charles Ribeyrolles, 1859.*

2.

A FAZENDA DE CAFÉ

> "Uma unidade de produção organizada para a máxima exploração da terra e dos escravos."

Para conhecer a *unidade de produção cafeeira*, ou seja, uma fazenda de café, será melhor tomar como exemplo aquelas já formadas, em meados do século XIX.

Era o tempo do rei, quando o Império brasileiro, com o monarca D. Pedro II à frente, foi um dos maiores produtores de café do mundo.

Convém fazer o percurso em companhia de um cientista americano, H. H. Smith, que, em 1878, após visitar uma propriedade cafeeira, registrou a impressão abaixo:

Deixando aqui a casa branca de uma fazenda, ali uma vendinha [...] a vista alcança ao longe florestas virgens intercaladas de cafezais. Agora aparece uma fila de coqueiros e um aglomerado de telhados num espaço murado, semelhante a um pátio-prisão. Paramos em frente da porteira fechada [...] Um negro velho aproxima-se, de cabeça baixa, segurando, humildemente, um chapéu de palha contra o peito. Abre-nos a porteira e [...] avançamos para a residência do proprietário [...] Diante da casa vê-se amplo pavimento de concreto, com um pequeno muro em volta. É o terreiro, no qual se procede a secagem do café. Mais adiante acham-se as oficinas e as habitações dos negros, voltadas para a casa do patrão. Devem ser ao todo umas vinte construções, limpas e espaçosas, mas tão pouco pitorescas quanto possível.

(*Uma fazenda de café no tempo do Império*, p. 7.)

Diga-se ainda que, para se entrar nas terras da fazenda, abriam-se duas ou três porteiras construídas de tal modo que se fechavam pelo próprio peso, o que reforçava seu isolamento.

As seguintes descrições das fazendas de café, deixadas por viajantes estrangeiros, revelam surpresa quanto aos hábitos rústicos dos moradores e, sobretudo, quanto às relações de trabalho, assentadas na escravidão.

Uma grande fazenda é um mundo em estado primitivo. É o domínio e a tribo dos velhos tempos. E que estranhas figuras, que curiosos maltrapilhos! [numa referência aos escravos]

(Charles Ribeyrolles, *Brasil pitoresco*, p. 52.)

Fazenda Santa Clara, vista atual. Valença, Rio de Janeiro.

Casa sede da Fazenda Governo. (*Litografia de Victor Frond, 1859.*)

A aparência de uma fazenda-fábrica é raramente alegre [...]. Raramente há jardins com grandes árvores [...] Apenas aqui e ali, além do primeiro pátio da fábrica, se poupam algumas árvores. [...] mas isto é mais para benefício de gado ou para provar a excelência da terra que para adornar ou avivar a paisagem.

(Van Delden Laerne, apud Maria S. de C. Franco, *Homens livres na ordem escravocrata*, p. 180.)

Nessa época, *pátio-prisão*, *fazenda-fábrica* eram expressões corretas para descrever a aparência das fazendas cafeeiras no Brasil Imperial. Tratando-se de uma unidade de produção, seu cotidiano e espaço eram organizados para a máxima exploração da terra e, sobretudo, dos trabalhadores – no caso, os escravos.

A *casa-grande* e a *senzala*, espaços de morar do senhor e do escravo, respectivamente, ilustram as contradições de um sistema de trabalho que tinha os seus dias contados. Diz o viajante:

Fazenda São Fidélis. (Litografia de Victor Frond, 1859.)

Os negros da fazenda, casados ou não, habitam compartimentos alinhados em filas ou por grupos, os quais à noite, após a ceia, são fechados pelo feitor: Essa medida é quase geral [...] Essas casas, construídas de barro, [...] chamam-se senzalas na linguagem da região [...] De ordinário, mal asseadas, infectas, desprovidas de mobiliário.

(Charles Ribeyrolles, op. cit., p. 44, v. 2.)

Já o Barão Pati do Alferes, preocupado com o investimento que significava o escravo, recomendava a construção de senzalas adequadas à preservação da saúde do escravo.

[...] Cada quarto [...] deve acomodar quatro pretos solteiros, e, se jovens casados, marido e mulher com os filhos unicamente. As varandas [...] são de muita utilidade porque o preto, na visita que faz ao seu parceiro, não molha os pés se está a chover [...]. As senzalas devem ser feitas no lugar mais enxuto e saudável da fazenda; é da conservação da escravatura que depende a propriedade do fazendeiro.

(Francisco Peixoto de Lacerda Werneck, *Memória sobre a fundação de uma fazenda na província do Rio de Janeiro*, p. 57-8.)

Casa-grande, Fazenda Rialto. Bananal, São Paulo. Pintura mural de autoria do pintor Villaronga, que conheceu a fazenda em seu apogeu.

Interior de antiga senzala, sem janelas e com alguns instrumentos de castigo corporal. Fazenda Santa Clara, Valença, Rio de Janeiro.

Porta de entrada da senzala. Notar o original sistema de fechadura tripla, com superposição de uma sobre a outra.

Mais que a extensão de terras cultivadas e a imponência da sede, o que atestava a importância de uma fazenda e o poder do proprietário era o número de escravos que possuía.

Por volta de 1817, início do cultivo do café no Vale do Paraíba fluminense, a existência de 189 escravos numa propriedade era número significativo. Mais tarde, com o aumento da produção, o comendador Souza Breves possuía 6 mil escravos em suas fazendas do Rio de Janeiro. A partir de 1850, com a proibição da vinda dos negros da África, esses números baixaram, pois o escravo tornou-se raro e muito caro. Mesmo proibido, o tráfico de escravos continuou a ser feito clandestinamente, contrabandeando-se os negros pelos pequenos portos do litoral.

Luxuosas ou não, o certo é que as fazendas de café do Império eram aparelhadas para atingir a autossuficiência, bastando-se a si próprias, espaço de trabalho e produção. O senhor das terras orgulhava-se de produzir tudo de que necessitava em seus domínios. Apenas o sal, a pólvora e o ferro vinham de fora.

A planta abaixo ilustra, através da delimitação das áreas de serviço, as várias atividades desenvolvidas na grande propriedade cafeeira.

No aproveitamento das instalações da antiga fazenda açucareira, o espaço para a fazenda de café é reorganizado. A casa-grande e a senzala permanecem, confirmando as mesmas relações de trabalho, ou seja, a utilização da mão de obra escrava. A novidade, porém, está na introdução do terreiro de café, espaço fundamental para o beneficiamento do produto. Localizado ao lado e por vezes na frente da casa-grande, permitia o controle permanente do proprietário sobre a escravaria.

Observa-se que a estrutura da fazenda cafeeira é mais elaborada que a da cana. Não só exige novas dependências e maior divisão do trabalho como intensifica os processos já existentes no engenho, isto é: aumento de escravos, sucessão do uso de novas terras, reafirmação da economia rural e confirmação da monocultura.

Mas a divisão de trabalho é mais complexa do que parece à primeira vista. Os escravos não só eram responsáveis pelo plantio, colheita, beneficiamento e ensacamento do café, mas por toda a produção que mantinha a fazenda, além de servir domesticamente ao seu senhor.

Vamos repassar as culturas e atividades complementares sob sua responsabilidade:

Fazenda Boa Vista, Cruzeiro, São Paulo. Construída pelo Major Manoel de Freitas Novaes, nas terras desta fazenda surgiu a cidade de Cruzeiro, no entroncamento da Estrada de Ferro Central do Brasil com a Rede Mineira de Viação.

- dos cereais (milho, arroz, feijão, mandioca, amendoim);
- dos tubérculos (batata, mangarito, cará, inhame, taioba);
- das frutas e legumes;
- dos produtos de natureza industrial (cana, algodão, anil);
- dos produtos de natureza medicinal;
- do tabaco para cachimbo e cigarro de palha;
- das pastagens de animais;
- das transformações industriais da cana, da mandioca, do algodão;
- da tintura de tecidos;
- do fabrico do anil;
- da produção de velas de sebo;
- da produção do sabão de cinza;
- do preparo do azeite das candeias;
- do preparo das farinhas de mandioca, milho e fubá.

O canavial, o laranjal e a roça de milho ocupavam grandes áreas. A plantação mais importante, porém, era o mandiocal, cultura presente em todas as fazendas, base da alimentação escrava. Farinha de mandioca com feijão, ou por vezes com carne-seca, era praticamente o único alimento diário do escravo.

Em 1847 o Barão Pati do Alferes comentava:

É esta preciosa planta uma das mais necessárias ao fazendeiro e a todos; uma ótima família serve nas nossas mesas como acessório [...] necessário; nas mesas de maior luxo aí aparece o seu pirão, os deliciosos bolos de sua tapioca, e os saborosos mingaus e biscoitos de sua goma, que também lustra cambraia [...] de nossas camisas e [...] vestidos de nossas damas.

(Francisco Peixoto de Lacerda Werneck, op. cit., p. 77.)

Observe nas imagens o beneficiamento da mandioca, até transformá-la em farinha.

a) Descascando a mandioca; b) A raspagem da mandioca (Rugendas); c) Preparação da raiz da mandioca (Litografia de Victor Frond, 1859).

Além disso, existiam oficinas organizadas para atender às necessidades essenciais do trabalho: carpintaria, ferraria, selaria, alfaiataria, sapataria e teares domésticos, utilizados para a confecção do vestuário dos escravos.

Vale mencionar alguns requintados instrumentos de carpintaria existentes nas fazendas mais aparelhadas, que comprovam o alto nível dos trabalhos desenvolvidos pelos escravos artífices. Entre esses instrumentos, podemos citar: o *trado* – verruma que faz buracos na madeira; as *galopas* – plainas grandes; os *guilhermes* – utensílios para fazer filetes nas portas; os *graminhos* – instrumentos com os quais se traçam riscos paralelos na borda das tábuas.

A relação de construções da Fazenda Marrecas, no ano de 1858, complementa o quadro comum de atividades das fazendas cafeeiras do Vale:

• casa de morada; senzala; terreiro; engenho de moer cana; casa para moinho de milho tocado por animais; três casas para tulha de café; um chiqueiro coberto; um curral; um moinho-d'água coberto; três casas que servem de paiol; uma casa para guardar carros (de boi); um quarto e uma casa para hospital; uma casa para guardar tonéis; quatro casas para guardar a tropa; um galinheiro coberto; engenho de socar café coberto de telha, com paredes de pedra, tocado por água.

A tenda do ferreiro era construção importante, lugar em que se produziam os utensílios de ferro de uso diário (garfos, panelas), objetos para construções (pregos, trancas, dobradiças e fechaduras), ferramentas para roçar (machados, enxadas e foices) e instrumentos para castigo dos escravos citados no inventário da Fazenda do Barreiro, de 1838, em São José do Barreiro:

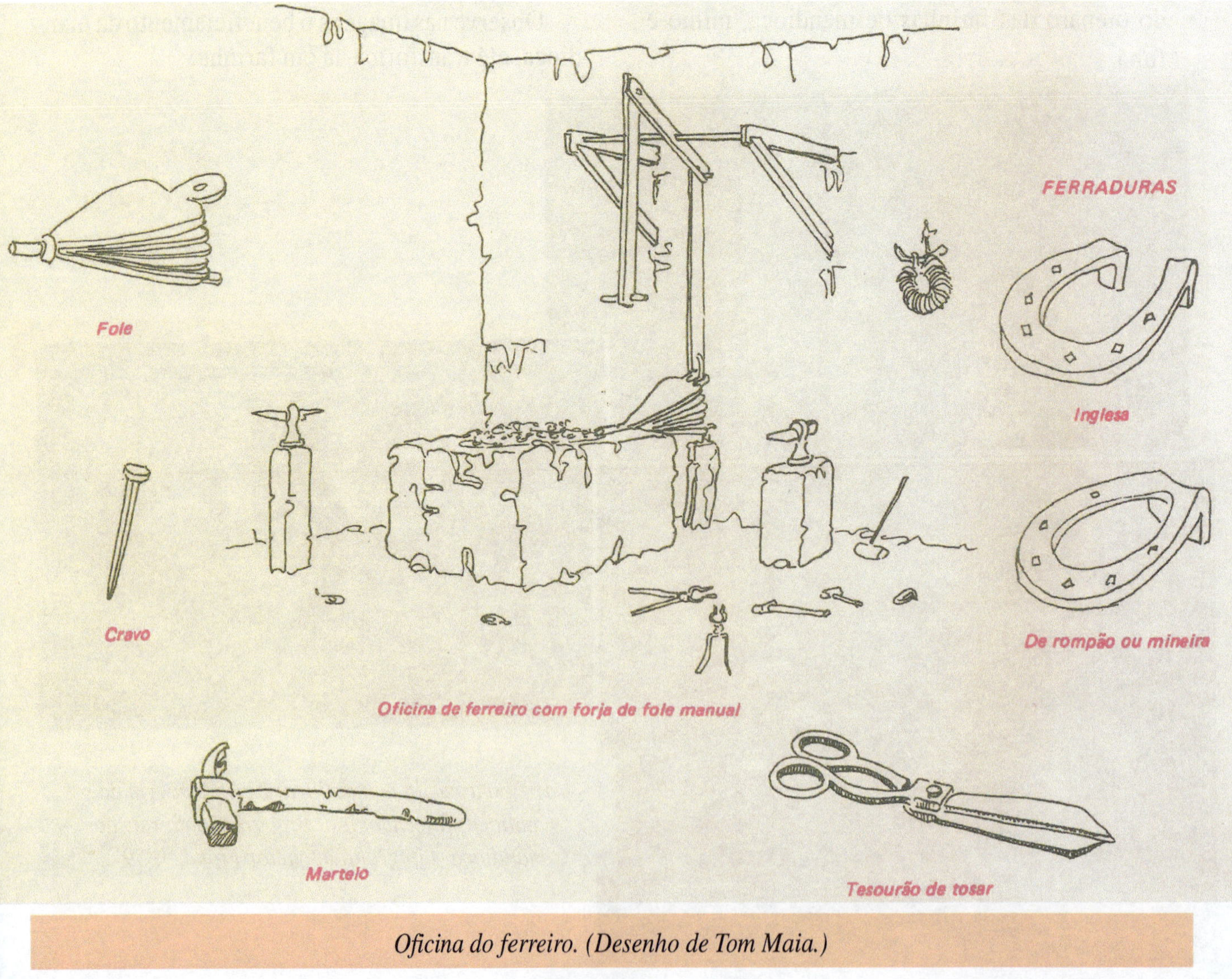

Oficina do ferreiro. (Desenho de Tom Maia.)

As rendeiras. (Litografia de Victor Frond, 1859.)

Uma corrente de ferro com seus colares, um gancho de ferro para o pescoço do negro, um tronco de ferro para o pé do negro, um par de algemas.

(In: C. E. M. de Moura, org.)

A fazenda de café opulenta dispunha de serviços de pajens, copeiros, moços de cavalariça e da cozinha, criados para os homens e mucamas para as senhoras, e ainda especialidades curiosas: tropeiros, peões, raladores de mandioca, lavadeiras, quitandeiras, derrubadores de mato, carreiro, condutores de liteira ou banguezeiros, vaqueiros, pescadores, caçadores, cesteiros e estafetas.

Essa diversificação de atividades já selecionava os escravos pela resistência física, pela habilidade técnica e mesmo por algum talento natural. Os mais fortes trabalhavam nos serviços pesados, especialmente no campo; os habilidosos eram encaminhados para as oficinas e trabalhavam junto à sede, dentro ou fora dela; quituteiras de talento desenvolviam seus dotes na cozinha senhorial, rica em *quitandas*, isto é, doces e biscoitos caseiros.

Além dessa seleção, outra se impunha pela natureza das tarefas: escravos que trabalhavam na lavoura eram do *eito*, também chamados *de fora*; escravos que desempenhavam suas funções no interior das casas eram *domésticos*, conhecidos como *de dentro*.

A essa divisão correspondiam tratamentos diferenciados, sendo os de dentro privilegiados no trato pelos seus senhores em relação aos de fora. Escravo *oficial*, aquele que era especializado, vivia mais bem trajado, era menos vigiado, mais educado que os rudes trabalhadores do eito. Era "gente da copa dos fidalgos".

Acima, escravas de dentro dedicadas a trabalhos mais leves e delicados, com melhor apresentação no vestir.

A respeito do vestuário do escravo que ia para o campo, diz o viajante:

Escravo trançando jacá. *(Victor Frond, 1859.)*

Não vemos um só negro ocioso, pois mesmo os octogenários se ocupam na fabricação de cestas ou em outros trabalhos leves, e todas as crianças trabalham na fazenda, exceto os bebês [...]

(Charles Ribeyrolles, op. cit., p.14-5.)

[...] os [...] negros da roça, escravos do eito, têm para vestuário calça e camisa de algodão [...] e as mulheres saias do mesmo pano. Tudo isso traz a marca da matrícula.

(Charles Ribeyrolles, op. cit. p. 50.)

A matrícula era o registro de propriedade do escravo, por vezes com as iniciais do proprietário, por vezes com um número.

Em 1878, o americano H. H. Smith constatava:

A presença de escravos com mais de 80 anos, porém, não era frequente, sendo raros aqueles que ultrapassavam os 60 anos.

O documento que se segue, parte de um inventário da Fazenda Glória dos Campos, em Bananal, do ano de 1838, confirma a diversificação profissional do escravo, enquanto permite conhecer sua origem, profissão e valor. Observe as profissões mais valorizadas.

nome	nação	profissão e características	valor
Justino	pardo	meio oficial de alfaiate	600$000
Marciano	crioulo	carpinteiro e assucreiro	550$000
Suzana	banguela	costureira e engomadeira	450$000
Joaquim	cabinda	carpinteiro e marceneiro	500$000
Macário		carpinteiro e tanoeiro	550$000
Onório	mossambique	farquejador	600$000
Leocádio	cabinda	pedreiro	550$000
José Candelária	banguela	pedreiro	550$000
Onorato	cabinda	agoardenteiro	450$000
Tertuliano	angola	telheiro	450$000
Boaventura	cabinda	fujão e doente das pernas	60$000
Elibório	congo	doente das pernas	200$000
Chicorina	quilimani	machucado no rosto	250$000
Teófilo	mina	velho	150$000
Leopoldo	quilimani	muito fujão e carregado de ferros	250$000
Calunga	quilimani	doentio	100$000
Lourenço	crioulo	3 meses	50$000
Rozaura	crioula	5 anos	200$000
Cecília	cabinda	costureira e engomadeira	500$000
Maria	cabinda	costureira e doceira	400$000
Francisco	rebolo	com uma corrente no pescoço	350$000

(C. E. M. de Moura, op. cit., mimeo.)

A disciplina

A rígida disciplina imposta era severamente controlada por um feitor, garantindo a submissão da mão de obra e o maior rendimento da produção.

Vamos acompanhar um dia de trabalho escravo na fazenda cafeeira. O ano é 1859, o relato é do francês Charles Ribeyrolles e as imagens posteriores são do fotógrafo Victor Frond:

Desde o alvorecer, os escravos saem, um a um, e vão se [...] meter em linha no terreiro. O feitor e os capatazes, despertados pelo sino ou pela corneta, chegam, contando as cabeças, distribuem o serviço detalhado pelo administrador ou o senhor, e, após o café [...] seguem escoltados para os campos. Antes, porém, [...] saúdam o chefe do domínio, dizendo ao passar sob as [...] varandas: louvado seja N. S. Jesus Cristo. O amo responde: Para sempre seja louvado.

(Op. cit., p. 46, v. 2.)

Escravos antes da partida para a roça (em cima)
e partindo para a roça (abaixo, à esquerda). (Victor Frond, 1859.)

Escravos tomando a refeição.

Escravos descansando.

Nos sítios de lavoura [...] os negros, homens e mulheres, põem-se a mourejar até às 9 ou 10 horas. Em seguida almoçam. Vêm as cuias de feijão [...] misturadas com farinha [...]. Dentro de uma hora recomeçam a faina. O jantar é servido entre as duas e três horas. Feijão e angu, como na primeira comida [...]. O trabalho só continua depois de uma hora e meia, estendendo-se até o anoitecer. Por fim voltam à habitação, o feitor passa-os em revista, recontando as cabeças e uma ceia termina o dia. Canjica, arroz e feijão compõem essas refeições vespertinas.

(Op. cit., p. 47, v. 2.)

3.

UM CAFEZINHO, GARÇOM, POR FAVOR!

Na segunda metade do século XIX, o café passa a ser muito consumido na Europa, sendo considerado uma bebida estimulante, requintada, um verdadeiro sucesso. Seus apreciadores tomavam tranquilamente o famoso *cafezinho*, ignorando por completo o longo processo de sua preparação. A afirmação abaixo, citada por Charles Ribeyrolles, ilustra o novo conhecimento que se tinha sobre o produto:

> *O café, todos sabem: queimar, moer, precipitar em alta ebulição, depois bebê-lo quente, eis a receita, eis o processo. Não é isso, garçom?*

Não, não é só isso. A explicação ligeira, dada por um apreciador da bebida num elegante *café* de Paris, está longe de ser correta.

> "Transformar o café em bebida deliciosa implicava longo e penoso processo."

Transformar o café em bebida deliciosa, no século XIX, implicava longo e penoso processo, que compreendia: a *derrubada* da mata, o *plantio*, a *colheita*, o *beneficiamento* e o *despacho* do produto. Quem realizava todas essas tarefas? O escravo, é claro, mão de obra vantajosa para o fazendeiro.

Sabe-se que o consumo do escravo em alimentação, vestuário e remédios não custava mais que um dia de trabalho por semana. Os cinco dias restantes eram de lucro para o proprietário.

Confira a sequência do trabalho:

Derrubar e queimar a mata

Era o passo inicial. A exuberância da vegetação nativa revelava a fertilidade dos terrenos. Indicava maior quantidade de *húmus*, isto é, restos de vegetais acumulados no solo. O teste para esse reconhecimento estava na facilidade com que se atolavam as pernas na terra, quase até os joelhos.

Derrubada da floresta *(Maurice Rugendas, 1835). O trabalho realizado por escravos negros era supervisionado pelo feitor branco.*

O processo de queima das matas era bastante criticado por cafeicultores esclarecidos da época, que sugeriam pelo menos o aproveitamento das madeiras.

[...] O maior desperdício que se encontra em quase todos os lavradores, não só deixando apodrecer as madeiras [...] podendo conduzi-las [...] para o armazém, como lançando-lhe fogo com o maior sangue-frio, como se estivessem fazendo grande coisa [...] em menos de uma hora deixam em cinzas aquilo que a natureza levou séculos a criar.

(Barão Pati do Alferes, p. 125-7.)

Secando café na fazenda do sr. Lescene, em Jacarepaguá, que funcionava como viveiro de mudas. Aquarela de Emeric Essex Vidal, de 1828.

O plantio

O plantio era feito nas encostas dos morros, nas chamadas curvas de nível, ou *meias-laranjas*. Essa prática facilitava a colheita, mas provocava erosão, ou seja, desgastava a terra, abrindo crateras no terreno. Distribuíam as mudas de baixo (*fralda* do morro) para cima, até o topo.

Inicialmente, o café foi plantado por sementes, com a seguinte receita da época:

Em um terreno [...] cavam-se sulcos paralelos onde se colocam as sementes à distância de 10 a 15 cm, com uma leve camada de terra. Rega-se se o sol for rigoroso [...] Após um ano faz-se o transplante.

(Padre Araújo Marcondes, p. 17.)

Em 1822, o viajante Saint-Hilaire registrou um sistema mais primitivo.

[...] Quando alguém quer fazer uma plantação nova [...] abstém-se de colher os frutos de algum cafezal velho. Estes caem no chão, apodrecem [...], germinam e depois se transplantam os cafés novos.

(*Segunda viagem a São Paulo...*, p. 127.)

O que prevalecia, porém, era o plantio por mudas. Havia fazendas distribuidoras que funcionavam como viveiros de mudas para as fazendas.

Independentemente da forma de plantar, em quatro anos o cafezal produzia e era tempo de colher.

A colheita

Tempo de festa ou suplício? A colheita, razão de festejos e comemorações em outros países, na lavoura cafeeira escravocrata do Brasil, era tempo de trabalho redobrado e rígido controle de serviço.

Estendia-se de maio a outubro, considerando-se que após a colheita vinha o beneficiamento, com tarefas ainda mais controladas, exigindo dedicação total da escravaria, sempre sob as vistas do feitor.

Os escravos, com peneiras de taquara ou bambu presas na cinta ou por um cordão ao pescoço, colhiam os frutos dos galhos.

O botânico norte-americano H. H. Smith, que visitou o Brasil por volta de 1879, surpreendia-se com a disciplina da colheita, onde todos os braços eram aproveitados – homens, mulheres, crianças – e comentava:

Do nascer ao pôr do sol, mulheres, crianças colhem as cerejas em cestos, trabalhando, silenciosa e ininterruptamente, sob as vistas do capataz [...]

Escravos indo para a colheita do café, 1882. Albúmen de Marc Ferrez.

Colheita de café no Vale do Paraíba, 1882. Fotografia de Marc Ferrez.

O método mais comum de colheita era a *derriça*, que consistia em correr a mão nos galhos de cima para baixo. As mulheres, consideradas mais habilidosas, tinham preferência nessa tarefa. Havia também a chamada *colheita de lençol*, em que o pé de café era circundado por peças de pano e sacudido de forma a permitir que os frutos caíssem no tecido e fossem recolhidos nas peneiras.

Lotadas as peneiras, os grãos eram abanados, jogando-se a peneira no ar para livrá-los das folhas, e em seguida colocados nos *balaios* (quicambos). Esses, pesadíssimos, eram levados nas costas até os *carros de caixão*, geralmente puxados por cinco ou seis juntas de bois. Os carros dirigiam-se para a fazenda.

No início da colheita os senhores usavam de alguns expedientes para incentivar o trabalho, distribuindo aguardente e fumo, além de roupas novas, que deveriam durar um ano. Acentua-se nessa fase a estratégia dos proprietários de incentivo em dinheiro e persistência do castigo corporal, expressa no provérbio abaixo:

No cafezal novo, 10 alqueires.
Cada alqueire que passar dos
10, duzentos réis; cada dúzia
que faltar, uma dúzia de couro.

(Freire, *Livro póstumo*, São Paulo, Irmãos Wiesflog, 1910, p. 7.)

O beneficiamento

Era a operação mais difícil do trabalho. Os escravos executavam tarefas, por vezes acima de suas forças, como a socagem manual do café no pilão, função em geral destinada às escravas. Segundo o historiador A. E. Taunay, "os pilões a braços eram a morte dos infelizes escravos".

Vamos reconstruir as etapas do beneficiamento:

Lavagem

O café colhido era colocado em tanques de pedra para livrar-se das impurezas da roça. O trabalho era penoso, chamado *fundo de caixão*, quando dois escravos, apenas de tanga, ficavam dentro da água separando as impurezas. O Barão Pati do Alferes, rico cafeicultor fluminense, dava a seguinte orientação, para a boa operação de lavagem:

Fazê-lo de manhã cedo e que não passe das 9 horas, porque depois não haverá tempo de secar em um dia, o que sucede sempre, se é bem mexido. Sobre o coche, corre uma bica de água [...] senão carrega-se em barris [...] e consecutivamente, o que é uma calamidade.

(Francisco Peixoto de Lacerda Werneck, o Barão Pati do Alferes, *Memória sobre a fundação do Rio de Janeiro*, p. 111.)

Secando café na Fazenda Quititi, em Jacarepaguá, 1875. (Albúmen de Marc Ferrez.) Observe o garoto branco com o triciclo, convivendo com a escravaria.

Secagem

Fase que merecia todo o cuidado, pois dela dependia a boa qualidade do produto final. Os grãos eram espalhados pelo *terreiro*, revolvidos várias vezes com rodos de madeira, para que secassem por igual. Ao final do dia, o café era empilhado em montes, cobertos por sacos ou esteiras, para evitar o orvalho da madrugada. A operação durava de 30 a 60 dias, considerando-se o café seco quando trincava nos dentes.

O trabalho era intenso, como se depreende do comentário, entre irônico e constrangido, do viajante americano H. H. Smith, em 1860:

> *[...] quando desaba, subitamente, um aguaceiro, o terreiro oferece um espetáculo pitoresco com a movimentação dos escravos entregues ao trabalho. De resto, tudo o que há numa fazenda de café é pitoresco, com exceção dos negros.*
>
> (Op. cit., p. 11.)

Escravos trabalhando no pilão de café. (Litografia de Victor Frond.)

Despolpamento

Mesmo seco, o fruto continuava com duas capas, isto é, a *polpa*, ou *coco*, e o *pergaminho*, pele ainda mais fina, denominada *casquinha*. A retirada dessas polpas, isto é, o descascamento do café, foi se aperfeiçoando, passando de manual a mecânica.

Convém acompanhar essa evolução.

Inicialmente utilizavam os *pilões manuais* ou *a braço*. Feitos de um só tronco de madeira de lei, com 40 cm de diâmetro, exigiam muita força do escravo na socagem do grão.

Outra forma era o *descascamento a pata de boi*.

Descascamento de café a pata de boi, em óleo de Alfredo Norfini.

Monjolo movido a água, em óleo de Alfredo Norfini.

Carretão para beneficiar café, em óleo de Alfredo Norfini.

Mais tarde, surgiu o *monjolo*. Movido a água, era uma longa peça de madeira em posição horizontal, com um cocho numa extremidade e uma haste na outra que devia entrar no bojo de um pilão. Esgotada a água do cocho, ele se levantava e a outra extremidade caía com violência sobre o grande pilão onde se encontrava o café a ser descascado.

Representava o trabalho de doze homens em igual espaço de tempo. O aperfeiçoamento do monjolo resultou na máquina de pilões ou bocardo, aparelho em que cada mão de pilão fazia tanto trabalho em 1 hora quanto um monjolo simples em um dia.

Observe o escravo, na figura da página anterior, utilizando a peneira para eliminar ainda mais as impurezas. Mais tarde foi usado o ventilador mecânico em que um homem, com uma manivela, fazia o trabalho de dezesseis ou vinte homens com peneiras, trabalhando 10 horas.

Carretão ou *ripes* era um engenho movido por duas juntas de bois. Compõe-se de uma grande calha, onde é colocado o café. Sobre ele giram duas enormes rodas em eixo, que extraem a película e deixam o grão solto. Era um aparelho solidamente construído, muito duradouro. Fazia bom serviço, pois não produzia muito pó nem quebrava os grãos.

Abanação e catação

Após socado, o café era *abanado* com abanos de taquara e colocado em vasta mesa na qual se seguia a *catação* a dedo, empregando grande número de escravas. Mais tarde surgiram os *ventiladores*, *separadores* e *brunidores* a força hidráulica, isto é, movidos a água.

Uma forma bastante primitiva de beneficiar o café era a utilização da *malhação de vara*. Levantava uma poeira infernal e os negros mal podiam respirar nos ambientes pouco ventilados onde a operação acontecia.

Malhação de vara, em óleo de Alfredo Norfini.

Brunimento

Consistia na limpeza profunda do grão de café, passado novamente no pilão e ventilador, para deixá-lo brilhante antes de ensacar.

Após 1852 começam a aparecer as primeiras máquinas de beneficiamento, da marca Lidgerwood. Foram usadas por poucos fazendeiros do Vale, que ainda preferiam extrair o máximo da mão de obra escrava, explorando os negros nos quais haviam investido capital. Um relatório de 1883 da Câmara Municipal de Bananal, uma das maiores produtoras de café, no Vale, informava:

Máquina antiga de beneficiamento. Fazenda Restauração Queluz, São Paulo.

[...] essa lavoura se acha um tanto atrasada quanto aos meios que se empregam para o preparo de café, sendo certo que em todo o município não existiam mais de oito máquinas modernas de Lidgerwood e Santa Cruz, para descascar café, havendo porém muitos engenhos, despolpadores e monjolos, terreiros de pedra, de cimento, de cal e de outras preparações artificiais para secar café [...]

(Manuscritos. In: *Ofícios diversos*. São Paulo, DAESP – Departamento de Arquivo do Estado de São Paulo, c. 35, p. 3, 0-83.)

Como se viu, essas operações aconteciam em espaços próprios: *tanque* para a lavagem, *terreiro* para a secagem; *engenho* para o despolpamento; *tulha* para o armazenamento e ensacamento dos grãos.

Um importante historiador do café no Brasil, Afonso de E. Taunay, informa em sua obra:

Os sacos nunca deveriam ser postos no chão, sempre em assoalhos mais ou menos elevados, lugares cobertos e arejados. Os ratos, tão gulosos de cafés maduros, nunca atacaram o café despolpado e seco.

(*História do café no Brasil*, v. 5, Rio de Janeiro, D.N.C, 1930, p. 100.)

O transporte

O trabalho, porém, não finalizara. Era preciso transportar o café ensacado até um pouso, numa localidade próxima, e daí, em lombo de burro, através das tropas de muares, encaminhá lo aos portos de embarque. Os muares, cruzamento de égua com jumento, eram mais resistentes e mais velozes para enfrentar os terrenos acidentados das estradas que serviam o Vale e atingiam os portos. O escoamento da mercadoria repetia-se várias vezes ao ano, até esgotar-se o estoque armazenado nas tulhas.

Todavia, antes de chegarem ao porto, as tropas passavam pelas *barreiras*, postos que cobravam taxas de passagem de animais e veículos para serem aplicadas na conservação das estradas. Ao mesmo tempo, controlavam e cobravam taxas sobre os gêneros que eram transportados, sendo 5% de seu valor para os produtos manufaturados e 10% para produtos naturais, como explicam os historiadores:

Transporte de café por escravos.
(J. B. Debret.)

[...] entre os anos de 1860 e 1877 há registros de terem passado pelo município de Bananal produtos como toucinho, queijo, fumo e café, vindos de outras localidades. Quanto ao que saía de Bananal, com exceção de um carregamento de fumo, em 1877, há registros apenas de café. O tráfego [...] era intenso, não sendo raro a passagem de 7, 8 ou 9 por dia transportando grandes quantidades de café.

(Izabel S. Hakamada, Edgar Carone (org.) et alii. *Anais do II Congresso de História de São Paulo*, apud Marly Rodrigues, op. cit., p. 25.)

Várias estradas ligavam o Vale do Paraíba aos portos de embarque do produto, que ao final seria despachado pelo porto do Rio de Janeiro: Parati, Angra dos Reis, Mambucaba, Jurumirim, Ariró, Ubatuba e Caraguatatuba. A estrada que conduzia ao porto de Ariró, o mais frequentado, era até mesmo calçada com pedras.

Acompanhe abaixo alguns desses roteiros:

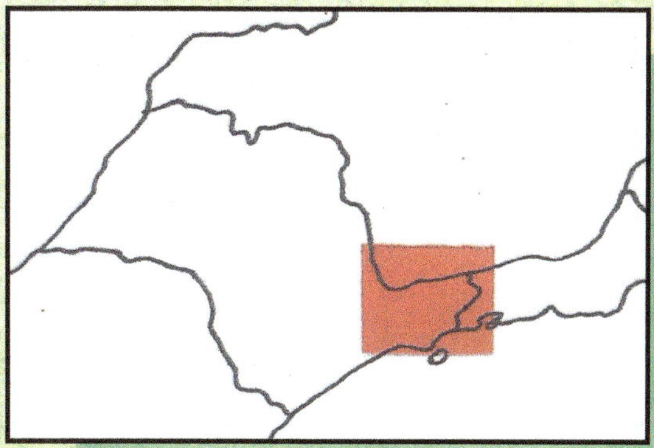

Mapa das estradas do café com suas variantes para o mar.

4. UMA SOCIEDADE DE SENHORES E ESCRAVOS, MAS...

> "São homens livres que se colocam entre os proprietários e os escravos, elementos fundamentais para a existência da própria fazenda."

Geralmente a sociedade do café é caracterizada por dois grupos bastante distintos: o dos *fazendeiros* e o dos *escravos*.

Entretanto, no interior das fazendas e em suas proximidades, nas estradas dependentes dela, encontramos novos personagens que não fazem parte de nenhum desses dois grupos citados, mas são figuras importantes no cotidiano da produção do café.

São homens livres que se colocam entre os proprietários e os escravos, elementos fundamentais para a existência da própria fazenda.

Vamos descobri-los:

O *tropeiro* talvez seja a figura mais importante desse grupo, decisivo para a conclusão do processo de produção do café. Pode ser encontrado nas estradas, conduzindo a tropa ou mesmo morando na própria fazenda. Era o único elo com o mundo civilizado. Ia e vinha trazendo as novidades.

A historiadora Maria Sylvia de Carvalho Franco conclui:

> *[...] suas funções desdobravam-se na supervisão dos escravos, no cuidado dos animais, na vigilância da carga, terminando suas tarefas com as transações com o consignatário [...],* [isto é, aquele que iria comercializar o produto]. *[...] Com a entrega da mercadoria fechava-se o ciclo de atividades do tropeiro, bem cedo reiniciado com o retorno da caravana, desta vez a serviço do abastecimento da fazenda.*
>
> (*Homens livres na ordem escravocrata*, São Paulo, IEB, 1969, p. 65.)

Nesse retorno, traziam produtos de luxo para consumo dos fazendeiros, desde porcelanas, vinhos especiais, tecidos e roupas finas até mobiliário da moda. Não faltavam nesse retorno sal, pólvora e ferro, artigos não produzidos nas grandes propriedades.

A tropa e o rancho. 1. Madrinheiro; 2. Besta dianteira; 3, 4, 5 e 6. Bestas de carga; 7. Burro culatreiro; 8. Arreador; 9. Tocador; 10. Rancho. (Desenho de Tom Maia.)

Tropa de carga na Serra dos Órgãos. Desenho de Steinmann, 1830.

Na fase de abertura das fazendas, o próprio fazendeiro esteve preso ao tropeiro, dependendo de suas decisões em fornecer-lhe os animais dentro dos prazos e dos preços convenientes. Leia o texto abaixo, uma carta entre dois fazendeiros, na qual essa dependência é expressa:

Joaquim Cardoso, quando passou por sua casa, me disse que V. Mcê. lhe tinha encomendado um lote grande de boas mulas que ele deverá trazer de Sorocaba. [...] Penso que ele vai voltar com uma grande mulada conforme disse. Dos tropeiros que por essa banda andam, ainda é o de mais confiança [...] E por isso muito estimado. Mas talvez não volte aqui nesta viagem, pois às vezes vende toda a tropa, que traz pelo caminho, em Bananal, onde pagam muito bem. Mas como é homem de palavra [...] é com certeza que há de desempenhar o prometido.

(Carta de Francisco Teixeira Leite a seu primo, apud Taunay, v. IV, t. II, p. 355.)

Com o tempo, os fazendeiros adquiriam suas próprias tropas, conduzidas por um tropeiro de sua confiança que morava na fazenda. Era comum esses tropeiros não serem escravos, pois, com os ganhos do transporte do café por parte de outros produtores, acabavam por obter sua liberdade.

O *vendeiro*, localizado com frequência nos ranchos e vendas de beira de estrada, era figura intermediária, que tanto dependia da população pobre, que frequentava sua venda, como estava sempre pronto a prestar favores ao fazendeiro local. Rancho e venda eram dependentes, pois, enquanto o rancho oferecia o pernoite, a venda servia refeições ao viajante e milho aos cavalos. Era comum as paradas pertencerem ao proprietário da fazenda, que explorava comercialmente esses precários estabelecimentos. O viajante Saint-Hilaire, em 1822, conheceu de perto essa realidade:

A fazenda onde parei fica situada, exatamente, na raiz da serra e como as tropas que passam pela montanha ali fazem parada forçosamente, há grande movimento de mulas [...] e o proprietário vale-se da necessidade que todos têm de recorrer a ele, e o milho se vende [...] mais caro que em outro lugar.

(Saint-Hilaire, *Segunda viagem*..., p. 29.)

Rancho da estrada. (J. M. Rugendas.)

Mais adiante, o mesmo viajante confirma a má qualidade desses ranchos:

Os proprietários os alugam [...] por preços muito altos e pouco se lhes dá que neles chova por todos os cantos. Tenho quase tanto medo da chuva quando estou no rancho do que quando fora. É verdadeiramente inconcebível que o governo não tome alguma providência a tal respeito [...]

(Saint-Hilaire, op. cit., p. 130.)

A imagem anterior revela o ambiente rústico e precário dos ranchos e vendas de estrada.

O *sitiante*, embora livre e também proprietário de pequena extensão de terra, vivia na dependência do fazendeiro, a quem devia favores e se ligava por laços de compadrio e parentesco.

Os *agregados*, na sua maioria aparentados do senhor das terras, mas destituídos de meios de subsistência, viviam de favor em sua propriedade, em geral em troca de alguns serviços.

O *padre*, quando não tinha quarto próprio na fazenda, vinha da vila próxima para a missa na capela. Mais tarde, em algumas sedes abastadas, registrou-se a presença da *governanta alemã*, encarregada da educação dos filhos dos fazendeiros.

Quanto à presença do *médico*, era rara. Os tratamentos eram feitos à base de remédios caseiros, e muitas vezes utilizavam a homeopatia. A *Caixa de Homeopatia com 240 vidros* e as instruções de Humphreys foi mencionada em vários inventários de fazendeiros do Vale. Eram adquiridos na antiga farmácia homeopática que existia na rua da Quitanda, no Rio de Janeiro, desde 1832. Dentistas? A constante menção a *caixas de ferros para dentes* revela que os tratamentos eram extremamente primitivos.

É importante lembrar que a base escravista, que garantia o sucesso da lavoura cafeeira no Vale, abala-se a partir de 1850. Nesse ano é assinada a Lei Eusébio de Queiroz, que proibia o tráfico de negros da África.

Para os cafeicultores, a solução imediata foi comprar escravos do Nordeste, ou mesmo contrabandeá-los através de portos isolados do litoral. Adiava-se a resolução do problema, enquanto a tensão entre senhor e escravo se agravava.

As quadras a seguir são expressões da crítica do escravo contra o senhor, revelando que a submissão já não era a mesma:

Caixa de Homeopatia de Humphreys.

Branco dize – preto fruta
Preto fruta co rezão;
Sinhô baranco também fruta
quando panha casião

Nosso preto fruta galinha
Fruta saco de feijão;
sinhô baranco quando fruta
Fruta prata c patacão

(*Lundu*, in: M. H. P. T. Machado. p. 103-4.)

O texto revela a fala típica do negro na época; a transcrição seria: "Branco diz – preto furta / Preto furta com razão; / Senhor branco também furta / quando apanha ocasião / Nosso preto furta galinha / Furta saco de feijão; / Senhor branco quando furta / Furta prata e patacão".

Já os proprietários passam a explorar ao máximo a força de trabalho, enquanto propunham soluções através de leis aparentemente vantajosas para o escravo; na realidade, elas nada significavam, a não ser o adiamento do problema.

A ilustração abaixo mostra o mecanismo paternalista.

Essa imagem foi divulgada através de uma famosa revista da época, *Revista Ilustrada*, cujo proprietário, Angelo Agostini, mantinha crítica cerrada contra o regime escravocrata. Nessa ilustração, o ministro-fazendeiro Saraiva explica seu projeto aos lavradores:

Vocês compreendem que, como lavrador, não podia deixar de tranquilizar a lavoura, garantindo a propriedade escrava e fixando-lhe um valor. Podem, pois, considerar o escravo um animal como qualquer outro e sujeito a ser comprado, vendido, surrado etc., pelo menos nestes dez anos. É o que lhes garante o meu projeto.

O ministro-fazendeiro Saraiva explicando seu projeto aos lavradores, em ilustração recriada a partir da obra de Angelo Agostini.

CONCLUSÃO: E A PORTEIRA BATEU...

Mau plantio, esgotamento das terras, colheitas fracas, carestia de escravo e, como golpe definitivo de morte, a abolição da escravatura no Brasil, em 1888, foram as principais determinantes para o desmoronamento do mundo do trabalho nas fazendas de café do Vale do Paraíba.

No único país do mundo a ainda manter a escravidão, a Lei Áurea, assinada pela princesa Isabel, em 13 de maio de 1888, punha fim ao regime escravo no Brasil. O reflexo imediato foi a desorganização da mão de obra nas fazendas do Vale e a falência das grandes propriedades.

Várias são as interpretações sobre a decadência dessa região cafeicultora.

A mais tradicional e corrente é que o fazendeiro escravocrata do Vale, isolado em seu próprio mundo, viveu o apogeu de seu *império*, como se esse fosse eterno. Não ouviu as instruções do governo para substituir a mão de obra escrava pelo trabalhador livre, não buscou as cidades para operações comerciais complementares aos lucros obtidos no campo, não investiu no maquinário e na melhoria dos transportes do produto. Eram homens ligados ao universo agrário, despreparados para os novos tempos.

Interior da Fazenda Governo, em meados do século XIX.

Uma interpretação mais recente discorda sobre a postura inerte e o despreparo dos cafeicultores da região diante do declínio de suas lavouras.

A historiadora Maria Celina Whately, ao estudar o caso de Resende, núcleo pioneiro da plantação extensiva do café no Vale fluminense, conclui:

[...] poucos foram os cafeicultores [...] que, diante da elevação do preço do escravo, puderam recorrer à substituição destes pelas modernas máquinas [...] devido a seu alto custo. Mesmo para os grandes cafeicultores, capazes de imobilizar altas somas na aquisição de maquinaria, persistia o problema de carência de mão de obra para o trato e colheita dos cafezais, trabalho que só podia ser feito manualmente.

(*O café em Resende no século XIX*, p. 70.)

O escritor francês Charles Ribeyrolles, o viajante que nos conduziu nesse percurso histórico, admitiu ainda em 1859:

A fazenda brasileira, viveiro de escravos, é uma instituição fatal. Sua oficina não pode se renovar, e a ciência, mãe de todas as forças, fugirá dela enquanto campearem a ignorância e a servidão. O dilema consiste, pois, no seguinte: transformar ou morrer.

(Op. cit., p. 54.)

De fato, a persistência em manter o mundo do trabalho assentado na escravidão foi fatal. Nos imponentes domínios do Vale do Paraíba, nada mais restava do antigo esplendor e poderio.

Vender a imensa propriedade, agora esvaziada de poder, foi a única alternativa para alguns dos *barões do café*. Vender, de porteiras fechadas.

O casão senhorial vira paiol
depósito de trastes aleijados
fim de romance, [...]
de glória fazendeira. [...]

conclui o poeta Carlos Drummond de Andrade.

Fim de romance, fim de viagem, retorno à Dutra. De chaminés de fábricas, velocidade, poluição. De trabalhadores livres. Tempo de uma história presente, que não pode ser contada, nem entendida, se não fizermos essas *viagens no tempo*. E revisitarmos esses espaços da memória, nesse caso, velhas sedes de fazendas, símbolos fortes de uma história que é só nossa.

Aspecto atual da antiga fazenda Santa Justa, em Rio das Flores, Vale do Paraíba.

CRONOLOGIA

EXPANSÃO DO CAFÉ		MÃO DE OBRA		POLÍTICA	
1727	Pará				
1776	Rio de Janeiro				
1790	Areias São Paulo				
1791-98	Zona da Mata Minas Gerais				
1815	Campinas São Paulo				
				1822	Independência
				1822-31	Primeiro Reinado
				1831-40	Regência
		1831	Proibição do Tráfico (Decreto Regencial): não efetivada		
1836	Vale do Paraíba: maior produtor				
				1840-89	Segundo Reinado
		1845	Bill Aberdeen		
		1850	Abolição do Tráfico		
1854	Bananal: maior produtor de café do Brasil				
		1871	Lei do Ventre Livre		
		1885	Lei dos Sexagenários		
1886	Campinas supera o Vale do Paraíba				
		1888	Lei Áurea: abolição da escravidão		
				1889	República

PARA SABER MAIS

Se você gostou do tema e pretende ter mais informações, sugerimos algumas abordagens, por intermédio de outras fontes de informação. Literatura, cinema, teatro e viagens poderão completar, de forma agradável, outros aspectos do cotidiano e do mundo do trabalho nas fazendas do Vale do Paraíba.

Literatura

Cidades mortas, 1919 (contos e impressões), de Monteiro Lobato.

Cidades vivas, 1924, de Breno Ferraz do Amaral (réplica ao anterior).

Teatro

Os ossos do barão, 1964, de Jorge de Andrade.

Cinema

Chamas no cafezal, 1954, direção de José Carlos Burle, Multifilmes.

Inocência, 1983, direção de Walter Lima Júnior. L. L. Barreto Produções Cinematográficas.

Escrava Isaura, 1949, direção de Eurides Ramos. A. P. Cinelândia.

Viagens

Talvez viajar seja a forma mais agradável de aplicar o conhecimento do assunto, visitando uma fazenda de café.

Tanto no Vale fluminense como no paulista, há muitas sedes que foram restauradas e permitem a visitação pública.

Estabeleça um roteiro e embarque nessa grande aventura. Desde já recomendamos: Fazenda Pau D'Alho, em São José do Barreiro, Resgate e Boa Vista, em Bananal, Boa Vista, em Roseira, na Rodovia Dutra, km 79,5, no sentido São Paulo-Rio, no Vale paulista; no Vale fluminense, há várias ao redor da cidade de Vassouras. Observe e divirta-se!

BIBLIOGRAFIA

ANDRADE, Antonio Luiz Dias de et alii. *Levantamento das técnicas e sistemas construtivos da região do Vale do Paraíba*. São Paulo: Condephaat, 1977.

ANDRADE, Carlos Drummond de. *Nova Reunião: 19 livros de poesia*. 2. ed. Rio de Janeiro: J. Olympio, 1985.

FERREZ, Gilberto. *Pioneiros do café: a iconografia primitiva do café*. Rio de Janeiro: H. H. G. B., 1972.

FRANCO, Maria S. de Carvalho. *Homens livres na ordem escravocrata*. São Paulo: IEB, 1969.

GILLE, Bertrand. O moinho d'água. Uma revolução técnica medieval. In: GAMA, Ruy. *História da técnica e da tecnologia*. São Paulo: T. A. Queiroz/Edusp, 1985.

HERMANN, Lucila. Evolução da estrutura social de Guaratinguetá num período de trezentos anos. *Revista de Administração*, São Paulo, Ano II, mar./jun. 1948, n. 5/6.

MACHADO, Maria Helena P. T. *Crime e escravidão. Trabalho, luta e resistência nas lavouras paulistas. 1830-1888*. São Paulo: Brasiliense, 1987.

MAIA, Tom & HOLANDA, Sérgio Buarque de. *Vale do Paraíba. Velhas Fazendas*. São Paulo: C. E. N./Edusp, 1975.

MAIA, Tom CAMARGO, Thereza Regina de. *O folclore das tropas, tropeiros e cargueiros no Vale do Paraíba*. Rio de Janeiro: MEC/ SEC/Funarte; São Paulo: Secretaria de Estado da Cultura: Univ. de Taubaté, 1981.

MERCADANTE, Paulo et alii. *Fazendas: solares da região cafeeira no Brasil Imperial*. Rio de Janeiro: Nova Fronteira, 1986.

MILLIET, Sérgio. *Roteiro do café e outros ensaios*. São Paulo: Hucitec/INL, 1982.

MOTTA SOBRINHO, Alves. *A civilização do café (1820-1920)*. São Paulo: Brasiliense, s/d.

MOURA, Carlos Eugênio Marcondes de. *Inventários do Vale do Paraíba*. São Paulo: Condephaat, mimeo.

QUEIRÓS, Suely Robles Reis de. *Escravidão negra em São Paulo: um estudo das tensões provocadas pela escravidão no século XIX*. Rio de Janeiro: José Olympio; Brasília: INL, 1977.

RIBEYROLLES, Charles. *Brasil pitoresco*. Ilustrado por Victor Frond. Belo Horizonte: Itatiaia, São Paulo: Edusp, 1980. 2 v.

SAGA – *A grande história do Brasil*. São Paulo: Abril, 1981. 3 v.

SAIA, Luís. *Morada paulista*. São Paulo: Perspectiva, 1978.

SAINT-HILAIRE, Auguste de. *Segunda viagem a São Paulo e quadro histórico da província de São Paulo*. São Paulo: Comissão do IV Centenário, 1954.

SMITH, Herbert Huntington. *Uma fazenda de café no tempo do Império*. Rio de Janeiro: Departamento Nacional do Café, 1941.

STEIN, Stanley J. *Grandeza e decadência do café no Vale do Paraíba*. São Paulo: Brasiliense, 1961 .

TAUNAY, Affonso de E. *História do café no Brasil.* Rio de Janeiro: Departamento Nacional do Café, 1939. 15 v.

WERNECK, Francisco Peixoto de Lacerda. *Memória sobre a fundação de uma fazenda na província do Rio de Janeiro.* Brasília: Senado Federal; Rio de Janeiro: Fundação Casa de Rui Barbosa, 1985.

WHATELY, Maria Celina. *O café em Resende no século XIX.* Rio de Janeiro: J. Olympio, 1987.

ZALUAR, Augusto Emílio. *Peregrinação pela província de São Paulo (1860-1861).* São Paulo: Comissão do IV Centenário, 1954.

Fontes das ilustrações

Página 4: Delfim Martins/Pulsar.

Páginas 4 e 26: Jean Baptiste Debret, *Viagem pitoresca e histórica ao Brasil*.

Páginas 6, 23, 24 e 25: Reprodução, Wanderlei Celestino. Museu Paulista.

Páginas 7, 9, 10, 13(a) a 15: Charles Ribeyrolles, *Brasil pitoresco*.

Páginas 9, 11 e 34: Paulo Mercadante et alii. *Fazendas: solares da região cafeeira no Brasil Imperial*.

Página 10: Arquivos do Condephaat, São Paulo, s/d.

Página 13(b) e 30: Rugendas, *Viagem pitoresca ao Brasil*.

Páginas 14 e 29: Tom Maia & Thereza Regina de Camargo, *O folclore das tropas, tropeiros e cargueiros no Vale do Paraíba*.

Página 20: Gilberto Ferrez, *Pioneiros da cultura do café no Brasil*. Rio de Janeiro: I. H. G. B., 1972.

Páginas 21 e 22: Gilberto Ferrez, *A fotografia no Brasil*.

Página 25: Ebe Reale, *Café*. Rio de Janeiro: AC&M, 1988.

Página 27: Ademar Chaves, As estradas imperiais do café. In: Marly Rodrigues. *Bananal, processo de tombamento*. Condephaat.

Página 29: João Steinmann, *Souvenirs de Rio de Janeiro*. Belo Horizonte: Villa Rica Editoras Reunidas Ltda., 1990.

Página 31: Coleção Thereza R. de C. Maia e Tom Maia.

SARAIVA S.A. LIVREIROS EDITORES
Rua Henrique Schaumann, 270 – Pinheiros
05413-010 – São Paulo – SP

Dados Internacionais de Catalogação na Publicação (CIP)
(Câmara Brasileira do Livro, SP, Brasil)

Martins, Ana Luiza
O trabalho nas fazendas de café / Ana Luiza Martins ; ilustrações Francisco José da Costa. – São Paulo : Atual, 1994. – (Coleção A vida no tempo)

Inclui roteiro de leitura.
Bibliografia.
ISBN 978-85-7056-650-8

1. Café – Brasil – História (Ensino fundamental)
2. Trabalhadores de cafezais – Brasil – História
I. Costa, Francisco José da. II. Título. III. Série.

94-2248 CDD-372.89

Índices para catálogo sistemático:
1. Brasil : Café : História : Ensino fundamental 372.89
2. Brasil : Trabalhadores de cafezais : História : Ensino fundamental 372.89

Coleção **A vida no tempo**
Coordenação: Marly Rodrigues/Maria Helena Simões Paes
Editor: Wilson Gambeta
Coordenadora editorial: Sandra Lucia Abrano
Chefe de preparação de texto: Noé G. Ribeiro
Preparação de texto: Célia Tavares
Gerente de produção editorial: Cláudio Espósito Godoy
Coordenadora de revisão: Maria Luiza X. Souto
Revisão: Renata G. Palermo
Editoração eletrônica: Silvia Regina E. Almeida/Virgínia S. Araujo
Chefe de arte: Tania Ferreira de Abreu
Diagramação: Marcos Puntel de Oliveira
Assistentes de arte: Alexandre L. Santos/Ricardo Yorio
Produção gráfica: Antonio Cabello Q. Filho/José Rogerio L. de Simone/ Marcos Paulo de Silva
Projeto gráfico: Luis Díaz (capa)/ Tania Ferreira de Abreu (miolo)
Mapas: Sônia Vaz
Ilustração de capa e miolo: Francisco José da Costa
Impressão e acabamento: Digital Page Gráfica e Editora Ltda.

10ª edição
4ª tiragem, 2014

SAC | 0800-0117875
De 2ª a 6ª, das 8h30 às 19h30
www.editorasaraiva.com.br/contato

820586.010.004